동이 틀 때까지

동이 틀 때까지

이학준

차례

들어가며

소고기 10

택시 14

오르막길 입새 18

빨래 22

제발, 내 곁에서 떠나가지 말아요 26

교내 백일장 30

선짓국 36

상록수 40

우리 누나 44

홍대 운동장 48

공무원 준비 52

신광 사진관(경주) 56

가장 찍고 싶은 한 송이 62

스물아홉 어린이 66

백일잔치 70

뇌전증 74

동훈이 80

봄 86

무제 90

내 몫의 해 94

동이 틀 때까지 98

들어가며

안타까운 사연이 이 책을 붙잡고 있습니다. 2018년 모 출판사와 계약을 맺은 저는 일 년 동안 책 한 권 분량의 원고를 써내야 했습니다. 자신 있었습니다. 내 첫 수필집이 나온 바로 이듬해였고, 당시 편집자의 예고대로 저는 걸출한 작가가 될 재목이었으니까요.

원고를 모아야 해서 동이 틀 때까지 글을 쓰는 날이 많았습니다. 승패를 결정짓기가 그리 쉽지 않은 글쓰기와의 다툼 속에서도 저는, 제가 동이 틀 거라는 확신에 차 있었습니다. 그러므로 이 책의 제목은 저의 '자만', 혹은 '시행착오'와도 같은 의미입니다.

일 년에 걸쳐 쓴 원고를 편집자에게 보낸 날, 제가 받은 답장은 글의 절반가량을 빼거나 고치라는 것이었습니다. 분에 차 떨리는 말투로 계약을 파기해 달라는 부탁을 드리고, 저는 잠시 서울을 떠나 있다가, 2019년 다시 돌아와 당시에 써둔 그대로의 원고로 ‹동이 틀 때까지› 수필집을 독립 출판했습니다.*

---

* 본 개정판은 2019년作에 비해 목차와 문장 등 다수의 부분이 다릅니다.

소고기

'윽'

불을 탁 끄고 누운 순간 캄캄한 방 안에 안 보이는 고기 냄새들. 자고로 소고기라면 잘 안 빠져야 맞나. 비릿한 냄새가 보일러 훈기에 섞여서는, 내가 자다가 몸부림이라도 치면 자기가 덮어주겠노라고 내 위로 두껍다. 값비싼 소고기. 그나저나 서울에서 맘껏 먹어봤네.

"보름 있으면 내려가잖아, 괜찮타." 하고 전화를 끊었던 걸로 기억하는데, 오늘 갑자기 연락이 와서는 "어제 택배 보냈대이." 정말로 현관문 밖에 놓인 커다란 스티로폼 상자. 나는 밀어내고 도로 현관문을 닫으려다가 참았다. 그나마 좋지도 싫지도 않게 전화를 끊을 수 있었던 까닭은 "소고기 보냈으니까 그거부터 구워 먹어봐라."

크고 무거운 상자를 겨우 들어 부엌에까지 옮겼다. 온몸에 감긴 박스 테이프를 일일이 뜯어내고 상자의 뚜껑을 열었더니, 이번에도 역시 그 숫자를 세기 힘들 정도로 많고 다양한 반찬들. 나는 당연히 소고기부터가 궁금했다. 선홍빛의 그걸 발견한 순간, 한쪽 무릎을 꿇은 자세로 나머지 반찬들을 빠르게 냉장, 냉동고로 정리해 넣었다.

더 맛있게 구워 먹으라고 엄마는 소금과 들기름까지 조금씩 보내줬다. 내 집엔 없는 것들이다. 녹이 슨 프라이팬을 달궈 잘 구워지기를 기도하며 젓가락으로 한 점, 한 점 올려놓았다. 집게 또한 없는 부엌이란 걸 엄마는 상상이나 했을까. 그렇게 조심스럽게 뒤집은 순간, 첫 번째 판은 망했다. 두 번째 판은 선방을, 세 번째부터는 살살 녹았다.

**

깜깜한 방 안에 누워서 문득 프라이팬의 소고기 한 판이 뭐가 그리도 중요했나 싶다. 굽기는 한 판, 한 판 실력이 늘었으면서 나는 어느 한 판에서도 엄마에게 고마워하지 않았다. 엄마 역시도 내가 그렇게 먹기만을 바랐을 것이다. 다만 값비싼 소고기 냄새. 마음껏 구워 먹고 남은 이 비릿함을 나는 싫어하지는 못하겠다. 누워서 보름쯤 남은 설날을 떠올려 본다.

택시

하루 동안의 끼니 횟수가 1을 잘 넘지 않는, 아니면 더 해 놓고도 기억을 못 하는 무더위의 나날. 미용실에서 머리를 자르고 나오다가 빈속이 0을 외친다. 주변의 음식점 간판들이 눈에 밟힌다. 그러나 오늘은 내가 아르바이트 중인 카페에서 회식이 있는 날. 조금만 참고 이따가 회식 장소에서 많이 먹자.

"어서 오세요."

"연트럴파크로 가주세요."

눈은 여전히 음식점 간판에 가 있는 바람에 목적지를 대충 설명해 버렸다.

"어디요?"

"아, 기사님 혹시 홍대 3번 출구 근처에 잔디밭 아세요? 젊은 사람 많이 다니고."

"아~ 경의선 철길!"

그렇게 홍대 중심부로 들어서자, 차도 사람도 막혔다.

"형, 어디여?"

스피커폰으로 어디론가 전화를 거신 기사님.

"저녁 안 먹었으면 여기 저번에 국숫집 근처인디, 와서 같이 먹자고."

기사님들끼리의 국숫집이라면, 나는 과연 궁금증이 생겨 통화가 끝난 뒤 물어볼 심사를 품었다.

"효창공원이여? 그럼 그냥 내가 그리로 갈게. 형이 살 거지?"

다행이게도 "응."이란 대답이 돌아오고 끝났다. 나는 국숫집 물어보겠다는 건 깜빡하고

"식사하러 가시나 봐요?"

"아~ 같이 택시 하는 형이랑 저어 효창공원 쪽에. 근데 이게 첫 끼여요."

저녁 일곱 시 반이니까 의아할 일인데, 나도 기사님과 똑같은 바람에 그 이유를 묻지 않았다.

"일 마치고 새벽 네 시 이럴 때 들어가잖아유, 뭐 먹기도 늦었고. 자고 일어나면 먹어야지 해도 그때는 또 들어가

나? 그러고 일하다 보면 해 떨어지고 이때쯤 돼 버리는 거지유."

본인의 까닭을 스스로 차 안에서 풀어 놓으셨다. 아마도 기사님은 혼자 사시는 듯했다. 벗겨진 뒤통수 너머로 새벽 네 시쯤 집에 들어와 그래도 한 번은 열어봤을 냉장고가 들여다보였다. 목적지에 거의 도착했음을 숨겨 두고 나는 다시금 운을 뗐다.

"사실은 저도 한 끼도 못 먹었거든요."

"아~ 식사하러 가시는구나."

"기사님! 저기 흰색 간판 앞에 세워주세요!"

기사님은 그대로 실실 웃으시며 차를 세우셨다. 둘 다 상대방의 빈속을 달래준 것 같아 나는 먼저 "식사 맛있게 하세요!" 기사님도 똑같이 "많이 잡숴요!" 회식을 떠나서 오늘도 1로 축내고 말 하루였는데, 나는 빈속에게도 조금은 덜 미안하게 됐다며 택시 문까지 조심히 닫았다.

오르막길 입새

고등학생은 아니어도 여전히 백팩들이 잘 어울리는 남학생 둘.

"저 이번 달에 대출받으려구요."

와우산으로 오르기 위한 오르막길 입새였다. 세수도 않고 글 쓰다 새벽녘에 겨우 산책을 나온 나는 가로등 밑이 남학생들이라 조금은 안심했다. 방금 대화는 못 들은 척하고 그들을 지나치려는데, 둘 중 선배로 보이는 또 다른 남학생이

"야, 나는 대출이라도 나오면 좋겠다."

하고 서늘하게 담배 연기를 한숨처럼 내뿜었다. 대출 관련된 용어들이 내 오르막길 내내 따라온다. 큰돈 나갔을 땔 떠올려봐도 나는 없는 액수들이 둘 사이에 자꾸 오고간다. 자기들의 대출 고민에 비하면 네 오르막길 경사는 수월한 거라며 나를 자꾸 등 떠미는 것 같았다. 긴 오르막길만 끝나면 와우산 공원이라 산책하기가 즐겁다.

산책 후엔 그러나 똑같은 오르막길을 내려가는 일이 남았다. 한참 전에 남학생들과 마주쳤던 오르막길 입새의 가로등이 어쩐지 쓸쓸하게 보였다. 집 근처에서 쓰레기

수거차와 마주친다. 올라타 있던 두 분이 내려 편의점 앞의 쓰레기들을 수거해 가는데, 조그마한 편의점에서 많이도 나왔다. 대학생들을 생각한다. 대출을 받을 땐 무서운 액수로 대출을 받아 사용하는 곳은 어쩌면 여기 편의점과 같은 곳들. 그럼에도 오르막길 입새에서 또다시 대출 걱정을 했으니, 정작 살이 찐 건 저기 종량제 봉투들뿐이다.

빨래

베란다가 없는 방구석
빨래 건조대의 팔을 벌리다가
며칠째 기지개를 켜지 않은 내 몸이 떠올랐다.

이번에도 몇 며칠을 모아놨다가 돌렸다.

그것들을 꺼내려다가
드럼 세탁기 속에서 똬리를 틀고 있는 모습이
마치 입고 살았던 내 몇 며칠과 닮아 보였다.

서로 물고 늘어지려는 힘이 세
자고 깨기만을 반복해야 했던 삶 말이다.

내가 손댄 양만큼 꺼내기란 불가능했다.

자꾸 똬리를 튼 째 딸려 나오는 빨래들을
나는 바닥에다 자빠뜨리고 몸에 힘을 한번 축 뺐다.

손으로 똬리의 한 곳을 찢었다.
그제야 나타나는 빨래의 낱장, 낱장을 건조대에다 널었다.

한 장씩 널 때마다 건조대에 나타나는 모습은,
그러나 매일 매일을 색다르게 산 사람처럼

색깔이 다 달랐다.

마지막으로 널었을 땐
지난 며칠을 어떻게 산 것과 상관없이
오늘을 잘 살면 되고, 잘 살 수 있을 것만 같았다.

나는 일단 기지개부터 켰다.

제발, 내 곁에서 떠나가지 말아요

이번에도 오직 피아노 반주, 실버들 목소리. "내 곁에서 떠나가지 말아요……." 실버들 떨림엔 아무리 조심스러운 피아노라도 둔탁해지고 만다. 이만큼 들었으면 처음 듣는 곡은 대충 공식이 세워져야 하는데, 신곡은 아직도 겁이 난다. 어디로 어떻게 떨릴지, 혹여 떨리다가 한 번 툭 꺾여서, 돌아올 수 없는 생채기가 생기면 어쩌나.

실제로 본 적도 있다. 자신의 '이소라의 프로포즈' 녹화에서 그녀는 〈제발〉을 처음 불렀다. 짧게 가사를 쓰게 된 에피소드를 읊조리다가 스스로 "제발……" 하고는 노래를 시작하는데, 몇 마디 부르다가 눈물을 터뜨린다. 가슴이 철렁 내려앉았다. 도저히 못 하겠는지 그녀는 무대 위를 내려갔다.

다행히 실버들은 제자리로 돌아왔고, 다시 피아노 반주, 실버들 목소리. 그런데 잘 떨리다가 한 번 꺾인 그것과 같이 툭. 몇 차례 그랬는지는 알 수 없다. 방송에는 세 번 정도 만에 노래를 부르게 되는 그녀가 나온다.

〈내 곁에서 떠나가지 말아요〉 오늘 처음 듣는 이 노래를 계속 반복해서 들으면서 그녀를 걱정한다. 내가 안심이 될 때까지 그래야 한다. 실버들한테 너 왜 떨리느냐 물어볼 수는 없다.

교내 백일장

역사가 갓 십 년을 넘긴 고등학교였다. 1층 복도 벽면을 따라 역대 서울대에 합격한 학생들의 졸업사진을 줄지어 붙여 놓았는데, 그 길이가 제법이나 길었다. 학교는 올해 수능에도 욕심을 품고 있다. 게시판에 최근 모의고사에서 최상위 성적을 거둔 3학년 학생들의 명단을 붙여 놓았는데, 교내에 이미 소문이 난 내 친구들이다.

친구들이 속한 '특반'은 나머지 반들하고 달랐다. 우선 매 과목마다 들어오는 선생님부터가 달랐다. 나 역시도 특반에 들어 있었는데, 그렇다고 소문이 날 만큼 특별한 학생은 아니었다. 입학할 당시부터 3학년이 된 지금까지 나는 딱 '그만큼'의 성적이었다.—특반이지만, 특별하진 않은.—내 위치에 큰 불만이 없던 나와는 달리 특반에서 국어를 가르치시는, 동시에 그것에 대해 갈증을 느끼시는 듯한 남자 선생님이 계셨다. 수업 일 외엔 전혀 관심을 안 두시고, 종이 울리면 칼같이 교실을 빠져나가 버리셨다.

오직 수능만이 살길이라더니 교내 백일장이 열렸다. 시 한 편을 써내면 야간자율학습 시간 전까지 외출도 허락해 줬다. 기숙사에 살며 한 달에 한 번 외박을 나가는 나는, 지금이 아주 중요한 기회였다. 그렇지만 대충 빨리 써낼 수는 없는 게, 내가 그래도 명색에 '문학 소년' 소리를 들으며 중학교 시절을 보냈지 않나.

절반 이상이 교실을 빠져나간 뒤에야 내가 쓴 글을 들고 복도로 나왔더니, 책상에 앉아 지키고 계신 분이 다름 아닌 그 국어 선생님이셨다. 최선을 다한 글은 아니지만 또래들보다야 나을 테니 나는 가벼운 손으로 종이를 내고 돌아서려는데,

"여기 잠깐 앉아 볼래?"

"네?"

빨리 밖에 나가서 무어라도 해야만 하는 나로선 매우 당혹스러웠다.

"의자 없나? 교실에 살짝 들어가서 하나 빼 와라."

"네……."

내 이름과 내 성적 또한 알 리 없는, 이 선생님이 왜 이러시나 싶었다.

"시를 이렇게 쓰면 안 돼."

종이에 적힌 내 이름을 불러주고 나서도 아니었다. 그냥 시를 이렇게 쓰지 말라니. 나는 수업 바깥에서의 선생님 말투가 이렇구나 하는 것과 동시에 기분이 상하려 했다.

아주 정성 들여 쓴 글은 아니라지만, 이 고등학교로 오기 전 내가 시, 수필로 받은 상장만 해도 몇십 개인데. 그러나 나를 앉혀 놓고 선생님은 지금부터가 시작이었다. 도저히 알아듣기가 어려운, '시'라는 단어가 포함된 가르침들이 복도에서 도돌이표를 그려가며 계속되었다. 바깥에서 영화 한 편이라도 즐기겠다는 내 다짐은 이제 꺾였고, 평상시 이 선생님으로부터 느껴졌던 갈증이 지금의 가르침과도 연관이 있는 건 아닐까 하는 의구심이 생겨났다.

그 후, 나와 어디에서 마주쳐도 선생님은 아는 체도 하지 않으셨다. 수능, 특반, 서울대… 이런 것에만 혈안이 된 이 고등학교에서 선생님은 교내 백일장이 열린 그날 나에게 무얼 가르치고 싶으셨던 걸까. 내가 써냈던 시는 지금 읽어보니까 아주 형편이 없고, 선생님께서 해주신 말씀 중에 다만 기억이 나는 한 가지는 "시에는 무어라도 생각이 담겨 있어야 한다."라는 것이다.

여행

이학준

떨어진 꽃잎 위
다시 피어난 향기
그 고운 뺨에 흐르는
눈물을 위로한다.

꽃잎의 감은 눈을 본다.
그제서야 향기는 날갯짓을 시작한다.

풀잎 위를
걷기도 하고,

구름에 닿아
꽃물을 터뜨린다.

다시 햇살 굴려지는 봄에
향기는 여행을 마치고
꽃잎에게 안긴다.

선짓국

별로 안 겁났다. 스타렉스 조수석에서 한 박자 늦게 내리며 그러나 운전석 쪽을 살피긴 했다. 그쪽에서 내리시는 과장님의 표정엔 단 한 가지만이 쓰여 있다. 빨리 더우니까 식당 안으로 들어가자. △△선짓국.

"두 명이요."

빈자리가 거의 없었다. 나는 이번에는 과장님보다 한 박자 앞서 들어가 밥상 근처에 빼곡히 쌓여 있는 방석 두 개를 빼내 들었다. 그 사이에 이미 엉덩이를 붙이신 과장님은 그래도 고맙다며 방석을 받고 깔고 앉으셨다.

중요한, 벽에 붙은 메뉴판을 읽었다. 역시나 겁 안 내길 잘했다. 간판만 '선짓국'이었을 뿐 선짓국 말고도 여러 메뉴가 있었다. 가격 또한 비등비등했다.

"선짓국 먹을 줄 아나?"

내게 물어오는 과장님 얼굴은, 아까 스타렉스에서 내릴 때 보고 처음인데, 하필이면 찡그리시던 그때 얼굴하고는 확연히 달라지셨다. 과장님은 평소에 미간을 자주 찡그리신다. 물론 더위 때문일 때가 대부분이지만 늘 같이 다녀야 하는 내가 일에 능숙하지 못해 그러실 때도 많았다. 그런데 지금 그 질문을 밝은 표정으로 물어오시는데,

나는 속마음을 바꾸고야 말았다.

"네! 좋아해요."

"그럼 선짓국 두 개 시킬게. 여기 맛집이다."

결국 선짓국 두 그릇이 나왔다. 그러나 과장님께선 평소에 드시던 습관 그대로 처음에서 끝까지 핸드폰만 들여다보면서 드셨다. 내가 얼마나 제대로 먹을 수 있는지엔 애초부터 관심이 없으셨던 거였다. 나는 혼자서 선지를 잘 씹어 삼키기만 하면 됐다. 아니, 그다지 씹지 않고 속으로 곧바로 꿀꺽…….

한 조를 이뤄 과장님과 경주의 이곳저곳, 주로 공장이나 학교의 소방 점검을 하는 일을 했다. 아르바이트로 딱 3개월 여름방학 동안만. 그 기간이 끝나갈 무렵 회사 마당에서 전 직원과 아르바이트생들이 모여 고기 파티를 했다. 누가 누가 더 잘 먹나, 잘 마시나 남자들 간의 경쟁이 당연히 벌어졌다. 그런데 과장님께서 뜬금없이 내 자랑을 하시는 거였다. "우리 학준이는 아무거나 다 잘 먹어요." 평소에 말수도 적으신 분이 허허실실 웃으시면서. 그렇다면 나는 그 자리에서 잘 먹는 모습을 안 보일 수가 없었다. 선지도 씹어 삼켰는데, 술과 고기쯤이야 아무것도 아니었다.

상록수

내 플레이리스트를 켜 가장 최근 곡부터 아래로 계속 내린다. 아주 최근이었음에도 벌써 시들시들해진 곡들. 듣고 나서 곧바로 더 화려한, 더 화려한 꽃을 꽂았으니 어찌 보면 당연한. 깔려 있던 꽃들이 지나가고, 지나가다 나왔다! 〈상록수〉. 〈새벽길〉, 〈가을 편지〉도 같이. 시들기를 경쟁하는 내 플레이리스트에서 다시 꺼낸 상록수는 보란 듯이 시들지 않았다. 나는 오늘따라 마음이 불안정했다. 그리고 이런 날만 꼭 김민기의 노래를 찾는다. 돌보는 이가 나였나 싶을 정도로 플레이리스트 맨 아래에서 꺼냈는데,

상록수는 자긴 처음부터 화려하지 않았다 하면서 나를 돌본다.

우리 누나

거실 소파에 누나가 앉아 있다. 아래로 푹 꺼진 소파. 누나의 배는, 경주에 오자마자 마주친 신라 시대의 봉분* 같았다. 사내 마냥 무뚝뚝한 성격이라 "왔나?" 하는 말만으로 나를 반긴다. 그렇지만 스스로의 허리를 받치고 있는 한쪽 손에서 누나가 평소와 같은 널널한 기분이 아님을 느낀다.

"우와! 배 나온 거 봐라."

배가 불기 전에 친척 결혼식 때 보고 지금 처음 보는 거라 나는 웃음기 섞어서 놀라도 괜찮다. 누나도 비슷하게 웃음으로 받아준다. 그러곤 유머처럼 "야, 나올 생각을 안 한다."라는데, 그럼 내가 경주에 내려와 있을 동안 반드시 낳아 달라 말해도 될는지, 나 혼자 복잡한 생각과 싸웠다.

병원에서도 오늘을 넘길 거라 했단다. 그래서 매형은 출근을 감행하셨고, 누나는 이따가 나와 같이 카페에 가겠단다. 조금 피곤했으나, 누나가 혼자 봉분 꼭대기에 선 아슬한 기분일까봐 가겠다고 그랬다. 그런데 해도 되는 건지 누나는 자기가 운전을 막 하고, 카페에 가선 자리가 좁다며 불어난 제 몸은 까먹고 자리부터 탓한다. 우리 누나 맞네. 어쨌거나, 오늘이 예정일이니 나라도 조심해야지.

집에 도착한 토요일도, 일요일도 누나는 가까운 친정집을 제 집 마냥 드나들었다. 거실 소파에 앉은 그 모습이나 실컷 목격한 나는, 아르바이트를 위해 월요일엔 떠나려 한다. 예정일이 지나도록 안 낳는다고 본인을 탓할 수는 없지 않나. 몇 시쯤, 매형으로부터 전화가 걸려 왔다. 오늘 오전에도 병원에 들렀는데, 지금 낳아보자 했다는 것이다. 나는 우선 동료한테 연락해 아르바이트 날짜부터 바꾸고, 부모님과 병원으로 달려갔다. 병실에서 마주한 누나는 녹색 천으로 얼굴 아래쪽을 다 덮고 누운 상태였다. 나와 눈이 마주쳤다. 스스로 불안해하는 누나를, 또 '우리 누나 맞네.'라며 믿고 있을 순 없었다.

진통은 다음 날인 월요일 새벽까지도 계속되다, 들어가 봐도 된다는 간호사의 허락에

"역시 우리 애경이다!"

아들이 못 갖춘 단단함이 있어 항상 누나이고 보는 아빠가 제일 먼저 튀어 나간다. 그러므로 누나를 샘하는 게 아니라, 나는 걱정부터 되더라. 아기 울음소리, 침대에 누워 있는 누나의 손을 매형이 꼬옥 잡아 주었고, 나는 그저 멀찍감치 떨어져서 우리 누나, 우리 누나 했다.

* 흙을 둥글게 쌓아 올려서 만든 무덤

홍대 운동장

홍익대학교 건물을 지나 가장 가까이의 건물로 가는 도중 계단처럼 한 칸씩 떨어지는 객석 아래로 운동장에 깔린 농구 코트가 보인다. 무슨 말이냐면, 검투사가 되겠단 자신감 정도가 없이는 운동장에서의 농구 연습은 접어두자는 말이다. 그 근처를 지나는 학생들이 좀 시간이 남는다 하면 한 번씩은 거길 내려다보게 될 테니.

그래서일까 밤에 좀 더 활발한 농구 코트에, 시월 며칠부터인가 코트 위 조명마저 불이 안 들어온다. 당연히 오늘 밤도 운동장 농구 코트가 비었다. 그러나 운동장의 쓸쓸한 기색과 상관없이, 밤이 되자 시멘트 객석이 학생들로 조금씩 들어차기 시작한다. 알다시피 홍대 정문 바깥에 고요함이란 흔치 않으니, 밤공기들끼리의 승패 없는 싸움이라도 보러 온 건가. 객석엔 남녀, 남녀, …… 남녀. 둘씩 띄엄, 띄엄.

운동장에겐 보러 와준 것만으로도 기쁘다. 어서 밤공기들로 보여 주기 식 싸움을 시키고, 객석 뒤편마다 즐비한 플라타너스 나무들로 승패가 없는 경기를 응원하게끔 한다. 우연히 플라타너스들 사이를 통과해 버린 캠퍼스의 불빛이 진실을 알아채고 비웃는다. 밤공기 구경이라니. 둘씩 짝을 이뤄 서로만 바라보다가 일어날 텐데. 그 불빛이 어느 둘을 지목하는데, 그냥 계속 싸워주는 밤공기이다.

공무원 준비

가서 군 면제 판정을 받아 왔는데, 아버지는 나더러 빨리 시작해서 공무원이나 돼라, 무슨 안 좋은 등수라도 보여준 것처럼. 아버지가 듣고 무조건 기분 나빠해야 한다. 싫은데요, 누구 좋으라고요, 가장 싫어하는 게 공무원이에요. 그러나 하고 나서 스스로도 내 등수는 나아질 수가 없잖나…… 속으로 그랬다. 나는 아프니까.

도서관으로 밟는 자전거 페달이 더디게 돌길 바랐다. 딴 데로 빠질 수도 있겠는데 딴 데 갈 만한 곳이나 아님 만날 친구라도 있어야 말이지. 친구들 거의 다가 군대에 들어갔다. 그러니 오늘도 내가 몸은 제일 편안한 셈이다. 도저히 속이 상해서 나는, 날마다 속으로 뱉는 질문을 또 뱉어가며 자전거 페달을 마구잡이로 밟아야 했다. '동사무소 의자에 앉아 평생 공무원으로 살겠다고?'

산허리로 해가 내린다. 도서관에서 빠져나올 때쯤에 그렇다. 그러나 내일 또 오르기 위해 해내는 것일 뿐 항상 제자리인 산이 더 행복하다. 퇴근길 경주의 차량들과 자전거로 앞서거니 뒤서거니, 어느새 대문 앞이다. 집으로 들어서며 다녀왔다는 식의 인사는 절대로 하지 않는다. 저녁 메뉴가 삼겹살이다. 마치 단란한 사이인 마냥 아버지와 겸상을 하고 있는 지금이 나는 자존심이 상하는데, 또 삼겹살은 그렇게 맛있는지. 빨리 시험에서 떨어지고 학교로 복학한 다음 듣고 싶었던 수업을 내

멋대로 신청해서 들어야겠다고 꿀꺽, 다짐을 삼켜본다.

신광 사진관(경주)

해도 되는 말인 줄 알고 했다. 실내인데도 담뱃재 몇 조각씩 떨어져 있고, 책상 위엔 편의점 봉다리와 인스턴트 커피 자국이 묻은 종이컵들. 잠시 그런 것들만 내 눈에 들어서

"형님, 가게 인테리어를 싸그리* 바꿔보는 건 어때요?"

평소 내 빈말도 진실로 받으시는 형님은

"싸그리?"

그동안 본인은 전혀 생각지도 못했다는 양

"뭐 으예** 바꾸면 좋겠노?"

그러거나 나는 답하지 말았어야 했다.

"저쪽 장식장부터 정리하시면 좋을 거 같아요. 괜찮은 소품들이 많은데, 장식장 때문인지 눈에 잘 안 들어오거든요. 날 잡고 버릴 건 버리고 하시는 게……"

내가 마치 정답이라는 듯 해버렸다.

신광 사진관. 명절이라 수개월 만에 내려온 날 반갑다며

껴안아 준다. 맞다. 반갑다고 하는 동작치고는 속도가 느릿느릿. 그렇지만 여기 사진관 실내에서는 오히려 자연스러웠다.—나이를 가늠하기 힘들 만큼 오래된 장식장들에 거기마다 가득 들어찬 골동품 사진기들, 버려진 듯 바닥에 아무렇게나 놓인 책상과 의자.—과거에 찍힌 사진 한 장 같다. 그러므로 평상시 사진 속에서 사는 형님에겐 나를 껴안아 주는 그 속도도 충분히 애쓰시는 거였다.

"날 잡고 버릴 건 버리고 하시는 게 손님들 보기에도 더 좋을 거 같아요."

특유의 누아르 주인공 같은 미소로 형님은 내 이야기를 다 들어주셨다. 인스턴트커피 한 잔을 비운 나는 보란 듯이 종이컵을 휴지통에 넣고 사진관을 빠져나왔다.

네거리를 건너다가 사방의 길이 접히는 듯 내 발걸음이 멈췄다. 형님의 아버님이, 내가 태어나기도 전에 신광 사진관을 차리셨을, 형님의 아버님께서 하늘나라로 떠나신 지 불과 몇 주도 지나지 않았다. 그분의 손때 묻은 사진기며 가구며 고민까지 사진 한 장으로 사진관 안에 박제돼 있을 텐데, 나는 그 사진을 찢어버리자고 형님한테 충고를 건넨 것이다. 사과를 드리려 걸음을 돌릴까 하다, 하지 못했다. 왜 그랬을까. 형님의 옷자락에 묻은 담뱃재까진 잘 발견해 놓고선 그것이 애석하다고 왜 느끼지 못했을까.

---

* 하나도 남김없이
** 어떻게

가장 찍고 싶은 한 송이

어서 피고 어서 지는 봄꽃. 늦게 핀 장미의 붉은 입술에서 봄을 만회하려는 결심이 느껴진다. 곁에 가서 카메라를 들자, 그대 눈이 머무는 한 송이가 나였으면 하고 너도나도 손을 든다. 따라서 손 드는 척하더니 내심 자기를 지나쳐줬으면 하는 꽃 한 송이.-학생으로 치면, 일어나 손을 벌벌 떨면서 책을 읽던 타지 고등학교에서의 나쯤 될까.-그러나 애초부터 가장 찍고 싶은 한 송이란 없었다. 나는 몇 걸음 더 물러서서 장미꽃들로 덮인 담벼락 전체를 찍고 싶었으니 말이다.

스물아홉 어린이

해가 떨어지면 너나 나나 할 것 없이 뿔뿔이 집으로 흩어져야 했던 어린 술래잡기. 더는 해 떨어지기가 무섭지 않다길래 무슨 수가 생겼구나 하고 봤더니, 여긴 해 떨어지고부터가 시작이다. 홍대. 말 그대로 '홍익대학교'를 뜻하는 건 아니고 대학교 주변 시가지를 애매하게 일컫는다. 나는 홍대 가운데 그나마 조용한 구역으로 이사를 했지만 조용히 산책을 하기란 쉽지가 않았고, 걷다가 걷다가 보니 다름이 아니라 홍익대학교 안.

들어있던 학생들이 밤의 간판들 사이로 빠져나오면 내가 불 꺼진 대학교 안을 산책한다. 개강한 지 얼마 안 됐다고 텅 빈 밤이지만 들뜬 분위기이다. 홍익대학교는 실은 별 볼 일 없다. 산을 빌려 만든 학교라 면적이 좁고 건물들도 매우 복잡하다. 산 때부터 서 있었을 플라타너스 나무들과 학교 건물들이 서먹한 자리다툼을 벌인다.

무얼 기다리든지 끄떡없어 보이는 플라타너스의 굵은 몸통. 그러나 내가 올려다보는 건 나뭇가지들이다. 몸통으로부터 뻗어 나온 나뭇가지들은, 가지뿐인 제 몸을 땅으로 흘릴 듯이 가늘다. 싸구려 핸드폰을 꺼내 사진이라도 찍어놔야겠다. 깨진 내 핸드폰 액정에 나뭇가지들이 실핏줄처럼 겹쳐 보인다. 셔터를 누른 순간, 실핏줄 나뭇가지 끝마다 작은 열매 하나씩이 매달려 있다. 나뭇가지는 잘 기다렸다.

다시 학교를 빠져나와 집으로 돌아가기란 또 조용하지 않다. 열매 같은 시가지의 불빛들. 나뭇가지 사이를 뛰노는 청춘들. 해 떨어지기가 그리도 아쉬웠으니, 이곳 홍대가 얼마나 신이 나겠는가. 실핏줄 같은 나뭇가지에 열매들이 터지고 나니 나도 잠시 놀이터처럼 보였다. 그렇지만 불빛들 사이로 뛰어들 마음은 없다. 왜냐면 나는 스물아홉이다. 괜히 어두운 쪽으로 걸으면서 저기 녀석들이 숨어 있다고 술래에게 슬쩍 눈치를 준다.

백일잔치

다시 한 상을 차리는 듯 바깥이 시끌시끌하다. 하나밖에 없는 조카라면서 상을 물리자마자 방 안으로 도망쳐 온 나는, 침대에 누워 듣고 있었다.

"바퀴벌레!"

누나의 고함이다. 하긴, 누나는 워낙에 벌레를 싫어하니까. 그렇다고 바퀴벌레 한 마리에 호들갑은.

"저기 또 있다! 또!"

이번엔 어른들의 목소리이다. "관리인한테 전화 걸어라. 어서!"

결국 나도 거실로 나와봤더니, 진짜로 바퀴벌레 몇 마리가 자기네 잔치인 양 날고 있고, 열이 나서 관리인이 나타나기만을 벼르고 있는 아빠, 그 성화에 몇 마디씩 보태시지만 술잔을 기울이는 것에 더 열중인 사돈어른. 다행인 건, 오늘 잔치의 주인공인 내 조카만은 건너편 방 안에 누워 잠이 든 상태였다. 우리 조카 덕분에 이런 고급 리조트에도 와본다며 좋아했는데, 무슨 날벼락이람. 눈대중으로 바퀴벌레 마릿수를 세워봤더니, 식탁 위에 쌓인 소주 빈 병 개수쯤 되었다.

"죄송합니다. 이런 일이 저희 쪽에서도 처음 있는 일이라……."

"처음이고 나발이고, 여기서는 갓난애 못 재웁니다. 짐 싸라. 다 우리 집으로 갑시다."

리조트에서 그나마 가까운 우리 부모님 집으로 사돈어른 두 분, 조카를 포함한 누나네 가족, 부모님과 나까지 모두 이동했다. 잔칫상을 받느라 피곤했는지 조카는 이동하는 내내 한 번도 깨지 않았다. 불가피하게 장소는 바뀌었으나, 잔칫날은 잔칫날이었다. 거실엔 할아버지 두 분을 위한 술상이 펴졌고, 나머지 사람들도 화기애애한 분위기였다.

눈꺼풀이 무거운 사람부터 잠자리에 들기 시작했다. 원래의 내 방을 내어주고 나는 엄마와 함께 안방으로 들어가 누웠는데, 바깥 거실이 시끄럽기는 리조트일 때와 매한가지였다. 자식 키우는 일에 관한 두 할아버지 간의 승강이*가 넘치려다, 넘치려다, ……다행히 술이 모자라 넘치지 않았다. 술자리를 접고 사돈어른은 내 방으로, 아빠는 안방으로 들어왔다. 근데 왜 엄마 옆에 가지를 않고 아빠는 내 옆으로 와 누웠다. 본인의 잠버릇 그대로 옆 사람인 내게 다리를 얹는데, 엄마를 깨워 자리를 바꾸자 하려다가, 둘 사이에 이렇게 누운 나도 참

새삼스러워 그냥 가만히 있었다.

거실에만 에어컨을 켜놔서 누나네 가족은 저렇게 방문을 연 채로 방 안에서 누워 잔다. 누나, 매형, 그리고 자는 모습이 벌써 양옆을 닮은 듯한 내 조카. 너무 작고, 신기하기만 하다. 나는 가만히 지켜보다가, 거실의 화장실을 쓰고 나오며 또 지켜봤다. 엄마, 아빠 둘 사이로 돌아와 누웠다. 키도, 덩치도 내가 제일 커서 그러면 안 될 것 같은데, 둘 사이에서 자는 게 포근했던 내 어린 시절이 자꾸만 떠올라, 나는 결국 엄마하고 자리를 바꾸고야 말았다.

---

* 서로 자기주장을 고집하며 옥신각신하는 일

뇌전증

"학준이" 성욱이의 목소리가 들린 다음에야 나는 내가 기숙사 복도에 서 있다는 걸 알았다. 기상 시간인 오전 6시가 멀었나 보다. 복도에는 어스름이 깔렸고, 다니는 사람도 성욱이 말고는 없다. "학준이"하고 또 나를 부른다. 호실은 다르지만, 성욱이에 대해 잘 안다. 샤워실로 몰릴 아침 시간을 피해 성욱이는 늘 저렇게 한발 앞서 일어나 샤워를 마쳐 놓는다. 재차 나를 부르는데, 그나저나 나는 왜 대답이 안 나오는 걸까?

복도 끝자락에 널브러져 있는 슬리퍼들 중에 아무거나 하나를 성욱이가 내 발에 신겨 준다. 나는 맨발로 복도를 빠져나가려 했던 것이다. "학준이 어디 가는데?" 내가 내려가는 계단 쪽으로 향하니까 성욱이도 급하게 따라나선다. 매일 밟는 계단인데, 그러나 나는 중심이 잘 안 잡혀 허공에 손잡이를 만들다가 실패하고, 만들다가 실패하고… 그렇게 실제로는 성욱이에게 기대다시피 내려갔다.

"학준이, 왜 그러는데? 말 좀 해봐라."

기숙사 건물을 빠져나오고 나서는 도저히 속이 울렁거려 주저앉은 상태로 가래침을 게워 낸다. 두 손으로 땅바닥을 짚고 있다가 내가 게워 낸 거기에 손이 닿기도 하는데, 나는 눈으로 보면서도 잘 알아차리지 못한다.

내 머리맡으로 사감 선생님과 그 옆의 우리 호실의 친구 하나, 의료진 몇 명. 태어나서 처음 타보는, 그러나 냄새만 맡아도 알 것 같은 119구급차 안에서 나는 누워서 가고 있다.

"선생님······."

"그래, 정신이 좀 드나?"

"네, 근데 있잖아요······, 이거 저희 부모님한테는 연락하지 말아 주세요."

정신이 들자마자 그러는 내게, 선생님은 일단 알겠다고 안심을 시키셨다. 병원에 도착해서는 응급실 침대로 옮겨졌다. 저릿저릿함이 남아 있었지만, 잠깐의 소나기가 마르듯 통증은 금방 나아졌다. 고3이고, 또 타지에서의 기숙사 생활이니 한 번 픽 쓰러졌다가 일어난 걸로 나도, 사감 선생님도, 병원에서도 결론을 내렸다.

곧 치른 수능에서 시험지는 철판보다 두꺼운 두께로 나를 내리찍었다. 그 고통을 토해내듯 나는 기숙사에서 자던 중 지난번보다 더 심한 이상 증세를 일으켰다. 학교에서는 결국 집으로 연락을 취했다. 한 달에 한 번, 기숙사 외박 때나 만날 수 있는 엄마가 내 침대 곁에서 울면서 나를 내려다봤고, 병원에서 마침내 내린 내 병명은 '뇌전증', 옛날 단어로는 '간질'이었다.

※

나는 아플 때, 정작 나만은, 그걸 기억해 내지 못한다. 침대 위로 나를 스쳐 지나갔던 표정들은 내가 다 아프고 나서야 문득문득 머릿속을 찌른다. 스스로 겁내지 않기 위해 하루에 두 번씩 약을 챙겨 먹는다. 뇌전증은, 자다가 경기를 일으키는 내 증상을 비롯해, 워낙에 증상들이 다양해서 자신에게 적합한 약을 찾는 게 중요하고, 또 오래 걸린다. 부모님께 걱정을 끼치는 게 싫어 비밀로 부쳐달라던 고3 아들의 착한 변명도 좋지만, 나는 성욱이가 발견해 줬던 그때 내 증상에 대해 알았어야 했다. 이 글을 쓰는 이유도 다름 아닌 성욱이에게 고마움을 전하기 위해서다. 몇 차례나 내 이름을 부르며 나를 걱정했을, 그날의 성욱이에게 이 글을 바친다.

동훈이

장맛비다운 그런 빗소리를 들으며 한가로이 누워 있는데, 알람이 울리더니 옆에서 벌떡 일어난다. 곧바로 욕실로 달려 들어가더니 팬티를 밖으로 툭 던져 놓고 문이 닫힌다. 안에서 핸드폰 음악 볼륨을 크게 튼다. 동시에 시작된 샤워 소리는 장맛비마저 멈추게 해서 나는, '몇 분만 기다리자, 몇 분만 참자……' 여하튼 내가 데리고 왔으니까 모든 것에 대해 입 꾹 닫는다.

※

다시 서울로 돌아가야만 하겠는데, 미리 올라가서 알아본 원룸들은 보증금이 최소 천만 원. 오백만 원도 겨우 들어준다는 집 분위기니까 나는 그 사실을 알릴 수 없었다. 친구들을 찔러대며 나하고 같이 반반씩 내서 살아보자 했다. 하지만 두 번째인 나조차도 먼데, 경주에서 쭉 살아온 내 친구들은 서울이란 곳이 오죽 멀게 느껴질까. 동훈이를 만난 건 그 무렵 순전히 우연에서였다.

"야! 몇 년 만이고? 경주에 있었나?"

초등학교 졸업 이후로 처음이니 십 년도 더 지났다. 저학년 때 특히 단짝이던 우리 둘은 꼴에 성인이 되었다고 오직 악수만으로 반가움을 표현하고는 카페로 자리를 옮긴 뒤 서로가 계산을 하겠다 하며 주문하면서 한참 실랑이를 벌였다. 자리에 앉아서야 비로소 서로의 근황에 관해 들어볼 수 있었다. 동훈이는 쭉 경주에서 살면서 회사를 다니는 중이라 했는데, 덧붙이듯 조만간 다니던 회사로부터 나올 거라고도 했다. 그런 말을 왜 덧붙이는지 물어봐 주는 게 일종의 순서일 텐데, 나도 모르게 "혹시 서울로 가볼 생각 없나?" 하는 질문이 내 입으로 튀어나와 버렸다. 당연히 놀라면서도 곧바로 대답하지 않는 동훈이가 왠지 가능성이 있어 보여 나는 지금부터 잘 구슬려보기로 속으로 다짐했다.

※

걸어서 무지개다리*를 건너는 방법밖에 없다. 둘 다 집이 멀어 버스를 타고 돌아와야 했는데, 엄마가 쥐여 준 버스비를 학교 앞 문방구에서 홀라당 써버렸기 때문이다. 오르막길부터 걷고 있으면 우리가 타야 했을 70번 버스가 저 위 꼭대기를 지나 유유히 내려간다. 몇 대가 그렇게 우릴 지나쳐가는지 모른다. 그러나 그 숫자를 세는 것조차도 재미인 건, 동훈이와 함께이기 때문이었다.

마침내 다리를 건너오면, 무지개에서 내린 것만 같았다. 지금부터는 둘 다 집이 그리 멀지 않았다. 그런데 잘 걷다 말고 길가에 주차된 검정색 세단 옆에서 둘의 걸음이 멈췄다. 햇빛에 반사돼 차체에 몸이 뚱뚱해져 보이는 서로가 우스꽝스러워서다. 팔을 벌렸다가 다리를 흔들었다가 한다. 키가 딱 그 세단 만했던 우리 둘은, 한참을 그렇게 놀다가 다시 집으로 출발했다.

동훈이는 나하고 달리 컴퓨터 같은 데에 귀신이었다. 동훈이가 제 방에서 컴퓨터 게임을 하면 나는 옆에서 구경이나 할 줄 알지, 시켜주면 영 젬병이었다. 또래들 집집마다 있는 컴퓨터가 우리 집에만 없다는 걸 동훈이는 알면서도 소문내지 않았다. 우리 둘 사이엔 비밀이 없었다. 3학년 때였나, 네가 방으로 살짝 불러 나에게 야동이란 걸 처음 보여줬잖아, 그때 고마웠다.

회사를 관두고 오백만 원이 있었던 너는 자꾸 걸려 오는 내 연락에 꾀여 좋다, 서울에 가보자 했다. 한 번 살아본 티를 내며 내가 홍대 쪽이 살기 좋다고 하니까 그것 역시 따라주었다. 그런데 너무 다르게 살더라. 부모님이 보내주시는 반찬으로 끼니를 해결하자는 난데 너는 그런 반찬들 대부분을 가렸고, 내가 글을 쓰는 한밤중에 너는 허구한 날 술을 마시다 들어와서 걱정만 끼치더라. 오늘도 똑같이 새벽 늦게 들어와서는 다시 해 질 무렵인 지금에야 씻겠다고 저렇게 욕실에 들어가 있다. 작년 구월에 올라와서 새 장마철이다. 많은 것들이 씻겨 내려가고 있다. 비록 긴 대화를 가져본 적이 없으나 너에게도 우리 어린 시절이 고스란히 남아 있을지가 궁금한데, 몇 분 뒤 샤워

---

* 구조물의 주체가 아치로 만들어진 다리

를 마치고 나올 너에게 나는 입 꾹 닫을 게 분명하다.

봄

초저녁을 어떤 식으로 보내야 할지
가닥이 안 잡히기 시작했으니,
봄이다.

봄은
낮에서 밤으로 넘어가겠다는 광고를 수 편째 틀어놓는다.

해가 지려나 창문을 열어봤다가,
해가 졌나 창문을 열어봤다가,
또 열어본다.

극장이 암전되고 영화가 빨리 시작되길 바라는 사람처럼
나는 광고가 끝나기만을 기다린다.

겨울은 그 광고가 짧으니 좋았다.
바로 시작된 극장 안,
나는 나 말고도 혼자 보러 온 이가 많겠지 하고 넘어갔다.

봄에도 역시 나 혼자서 영화를 볼 텐데,
광고를 수 편째 틀어놓는 극장 안은
그야말로 초저녁과 버금가는 밝기.

창문 밖이 드디어 밤으로 넘어가네.

그런데 나는, 암전 속 영화가 아니라,
옆자리의 누군가가 필요한 것 같은 기분이다.

무제

목적지가 있어서 좋아서 버스에 올라탔다가
다시 돌아오는 버스 안, 집 앞에 잘 내리는 것도 목적인데 나는 이 버스를 목적도 없이 올라탄 사람 같다.
이어폰 속 슬픈 멜로디가 그다지 슬프지 않다.
바깥의 내가 충분히 슬프기 때문이다. 한 대학교 앞에서 학생들이 수업을 마쳤는지 올라탄다. 저마다 내릴 곳들을 얘기하는 저들 곁에서
내릴 곳이 있어도 나는 빈 강의실에 남겨진 혼자가 된다.

남아서 질문하고 앉아 있다.
교수님,
저도 집에 돌아가면 되는 것인데 왜 슬픈 걸까요. 얼마 전 출판사에서 마침내 내 책이 나왔고, 친구, 동료들의 칭찬. 남들이 불러주는 '작가'라는 호칭. 이런 일도 있었어요! 카페에서 우연히 마주친 유명 작곡가에게 내 책을 던지듯 선물했더니, 그가 나가면서 작사에도 관심이 있냐며 내게 연락처를 물어봤어요.
예전만 해도 꿈꾸던 일들이에요.
그런데 혼자 있을 때 가장 신나는 일인 TV 토크쇼가 어제따라는 신나게 들리지가 않았고, 오늘 이소라의 슬픈 목소리는 슬프게 들리지가 않고, 집에 돌아가기가 싫어요 교수님.
조금 있음 내려야 하는데, 제대로 내리나 집 앞을 지나치나 저는 비슷하게 슬플 거 같아요.

더 앉아 있어 볼래요.

내 몫의 해

적어도 내 몫의 해는 드는 방이었다. 402호, 원룸 꼭대기 층이 다 그렇듯 불법 개조한 다락 공간이 방 외부를 둘러싸고 있었지만, 오후 서너 시쯤이면 다락을 통과해 방 안까지도 해가 들어왔다. 그러나 앞으로가 걱정이다. 방 안까지 해를 들일 수 있는 까닭은 아무래도 건너편 원룸 건물과 건물이 트여 있기 때문일 텐데, 하필 그 두 건물 사이에 얼마 전부터 공사가 시작되었다. 나는 다락에서 이제 막 시작 단계인 공사 현장을 내려다본다. 높이를 알 수 없는 단계라 더욱 겁이 난다.

가까이 지나가면서 살펴봤더니, 저것도 다 생업이다. 겹겹의 먼지를 뒤집어쓴 채 각자 맡은 자리에서 제 역할을 수행 중인 인부들. 공동의 목표는 건물의 높이를 완전히 올리는 일 같았다. 더 올라가기 위해 당장의 밟을 자리마저 만들어야 하는 현장의 모습이 한편으론 위험천만해 보였다. 나는 자연스레 내 아버지 생각이 났다. 평생 해 오던 방앗간을 접고 고향의 아버지도 비슷한 현장에 나가고 계신다. 본인 입으론 소일거리 삼아 한동안 하다 말거라셨지만, 이미 옷의 무늬처럼 오염된 작업복과, 팔 토시, 그리고 내가 대학생 때 쓰다 만 야구모자…….

한밤중에도 다락에 서서 바깥의 공사 현장을 내려다본다. 밤이라 천막을 씌워 놓은 현장은 어제보다 더 키가 자란 것 같다. 앞으로 402호 내 몫의 해를 잃게 될지도 모르겠다. 그렇지만 이제는 공사 현장의 인부들이 저마다 뒤집어쓴 먼지를 털고 하루빨리 공동의 목표를 달성하길 바라는 마음이 더 크다.

동이 틀 때까지

끄는 걸 깜빡했나,
이제 막 동이 튼 길가에 가로등이 켜져 있다.

행인이라도 마주치지 않길 빌며
뒷산 공원을 향해 살금살금 오르막을 오른다.

후줄근한 차림새인 내가
마치 좀비처럼 보일지도 모르겠다.

약 스무 시간을 책상에 앉아 있었으나
도저히 한 문장만큼은
아직까지 풀지 못하고 있는 내가.

공원 나무 벤치에 기대
내려다보이는 초록색 산으로
비법처럼, 풀지 못한 한 문장을 주절거린다.

…….

아직 제 색깔을 낼 시각도 아닌
저 멀리의 도심 빌딩들이
산의 치맛자락을 붙잡고 올라와 방해를 놓는데,

동이 틀 때까지 불을 켜 놓았던

길가의 가로등은
스스로 할 일이 남아 끄지 못했던 것이다.

동이 틀 때까지

초판	2019년 3월 6일
개정판	2025년 10월 15일
지은이	이학준
편집	이학준
사진	이학준
표지 그림	곽명주
디자인	김수영
제작	문성기획
펴낸곳	학종이 (출판등록 2024년 9월 25일 등록번호 720-99-01859)
주소	서울특별시 마포구 월드컵로19길 70, 102호(망원동)
이메일	june9642@naver.com
인스타그램	instagram.com/hakduri
ISBN	979-11-989553-0-2